Impressum
Verlag: BABADADA GmbH, Nedderfeld 112 , 22529 Hamburg
Geschäftsführer / Verlagsleitung: Harald Hof
Druck: Books on Demand GmbH, In de Tarpen 42, 22848 Norderstedt

Imprint
Publisher: BABADADA GmbH, Nedderfeld 112 , 22529 Hamburg, Germany
Managing Director / Publishing direction: Harald Hof
Print: Books on Demand GmbH, In de Tarpen 42, 22848 Norderstedt

classroom
Sala lekcyjna

divide
dzielić

186/2

board
Tablica

school yard
Dziedziniec szkolny

teacher
Nauczyciel

paper
Papier

write
pisać

pen
Pisak

desk
Biurko

ruler
Liniał

book
Książka

pupil
Uczeń

satchel

Plecak szkolny

pencil case

Piórnik

pencil

Ołówek

pencil sharpener

Temperówka

rubber

Gumka do mazania

drawing pad

Blok rysunkowy

drawing
Rysunek

paintbrush
Pędzel

paint box
Pudełko z akwarelami

scissors
Nożyce

glue
Klej

exercise book
Książka do ćwiczenia

homework
Zadanie domowe

number
Liczba

2+2

add
dodawać

5-2

subtract
odejmować

multiply
mnożyć

calculate
liczyć

letter
Litera

alphabet
Alfabet

word
Słowo

text

Tekst

read

czytać

chalk

Kreda

lesson

Godzina

register

Dziennik lekcyjny

exam

Egzamin

certificate

Świadectwo

school uniform

Mundurek szkolny

education

Wykształcenie

encyclopedia

Leksykon

university

Uniwersytet

microscope

Mikroskop

map

Mapa

waste-paper basket

Kosz na odpadki

hotel
Hotel

hostel
Schronisko

bureau de change
Kantor wymiany walut

car
Auto

language

Język

yes / no

tak / nie

Okay

OK

hello

Halo

translator

Tłumacz

Thank you

Dziękuję

how much is...?

Ile kosztuje ...?

I do not understand

Nie rozumiem

problem

Problem

Good evening!

Dobry wieczór!

Good morning!

Dzień dobry!

Good night!

Dobranoc!

bye bye

Do widzenia

direction

Kierunek

luggage

Bagaż

bag

Torba

backpack

Plecak

guest

Gość

room

Pokój

sleeping bag

Śpiwór

tent

Namiot

tourist information

Informacja turystyczna

beach

Plaża

credit card

Karta kredytowa

breakfast

Śniadanie

lunch

Obiad

dinner

Kolacja

ticket

Bilet

lift

Winda

stamp

Znaczek na list

border

Granica

customs

Cło

embassy

Ambasada

visa

Wiza

passport

Paszport

aeroplane
Samolot

ship
Statek

fire engine
Pojazd straży pożarnej

bus
Autobus

truck
Samochód ciężarowy

motorboat
Łódź motorowa

bike
Rower

car
Auto

ferry

Prom

boat

Łódź

motorbike

Motocykl

police car

Radiowóz policyjny

racing car

Samochód wyścigowy

rental car

Samochód wypożyczony

car sharing

Wspólne przejazdy samochodem

breakdown truck

Samochód pomocy drogowej

refuse truck

Śmieciarka

motor

Silnik

fuel

Benzyna

petrol station

Stacja benzynowa

traffic sign

Znak drogowy

traffic

Ruch

traffic jam

Korek

car park

Parking

train station

Dworzec

tracks

Szyny

train

Pociąg

tram

Tramwaj

carriage

Wagon

helicopter

Helikopter

airport

Lotnisko

tower

Wieża

passenger

Pasażer

container

Kontener

carton

Karton

cart

Taczka

basket

Kosz

take off / land

startować / lądować

city

Miasto

village

Wieś

city centre

Centrum miasta

house

Dom

cinema
Kino

advert
Reklama

street lamp
Latarnia uliczna

CINEMA

street
Ulica

taxi
Taksówka

snack shop
Kiosk

pedestrian
Pieszy

pavement
Chodnik

zebra crossing
Pasy dla pieszych

bin
Kubeł na śmieci

crossing
Skrzyżowanie

traffic lights
Lampa

hut
Chata

flat
Mieszkanie

train station
Dworzec

town hall
Ratusz

museum
Muzeum

school
Szkoła

university

Uniwersytet

bank

Bank

hospital

Szpital

hotel

Hotel

pharmacy

Apteka

office

Biuro

book shop

Księgarnia

shop

Sklep

florist's

Kwiaciarnia

supermarket

Supermarket

market

Rynek

department store

Dom towarowy

fishmonger's

Sklep z rybami

shopping centre

Centrum handlowe

harbour

Port

park

Park

bench

Ławka

bridge

Most

stairs

Schody

underground

Metro

tunnel

Tunel

bus stop

Przystanek autobusowy

bar

Bar

restaurant

Restauracja

postbox

Skrzynka na listy

street sign

Tabliczka z nazwą ulicy

parking meter

Parkometr

zoo

Zoo

swimming pool

Łaźnia

mosque

Meczet

farm

Gospodarstwo chłopskie

pollution

Zanieczyszczenie środowiska

graveyard

Cmentarz

church

Kościół

playground

Plac zabaw

temple

Świątynia

landscape

Krajobraz

signpost
Drogowskaz

way
Droga

meadow
Łąka

stone
Kamień

hiker
Wędrowiec

tree
Drzewo

river
Rzeka

grass
Trawa

flower
Kwiat

valley

Dolina

hill

Góra

lake

Jezioro

forest

Las

desert

Pustynia

volcano

Wulkan

castle

Zamek

rainbow

Tęcza

mushroom

Grzyb

palm tree

Palma

mosquito

Komar

fly

Mucha

ant

Mrówka

bee

Pszczoła

spider

Pająk

beetle

Chrząszcz

frog

Żaba

squirrel

Wiewiórka

hedgehog

Jeż

hare

Zając

owl

Sowa

bird

Ptak

swan

Łabędź

boar

Dzik

deer

Jeleń

moose

Łoś

dam

Tama

wind turbine

Wiatrak

solar panel

Moduł solarny

climate

Klimat

waiter
Kelner

menu
Menu

chair
Krzesło

soup
Zupa

pizza
Pizza

cutlery
Sztućce

tablecloth
Obrus

starter

Przystawka

main course

Danie główne

dessert

Deser

drinks

Napoje

food

Jedzenie

bottle

Butelka

fast food

Fastfood

street food

Streetfood

teapot

Dzbanek na herbatę

sugar bowl

Cukierniczka

portion

Porcja

espresso machine

Zaparzarka do espresso

high chair

Krzesło dla dziecka

bill

Rachunek

tray

Taca

knife

Nóż

fork

Widelec

spoon

Łyżka

teaspoon

Łyżeczka

serviette

Serwetka

glass

Szklanka

plate

Talerz

soup plate

Talerz do zupy

saucer

Podstawek pod filiżankę

sauce

Sos

salt pot

Solniczka

pepper mill

Młynek do pieprzu

vinegar

Ocet

oil

Olej

spices

Przyprawy

ketchup

Keczup

mustard

Musztarda

mayonnaise

Majonez

special offer
Oferta

customer
Klient

dairy
Produkty mleczne

FOR

fruit
Owoce

trolley
Wózek sklepowy

butcher's
Rzeźnia

baker's
Piekarnia

weigh
ważyć

vegetables
Warzywa

meat
Mięso

frozen food
Mrożonki

cold meat

Wędliny

tinned food

Konserwy

washing powder

Proszek m do prania

sweets

Słodycze

household products

Artykuły użytku domowego

cleaning products

Środek czyszczący

salesperson

Sprzedawczyni

till

Kasa

cashier

Kasjer

shopping list

Lista zakupów

opening hours

Godziny otwarcia

wallet

Portfel

credit card

Karta kredytowa

bag

Torba

plastic bag

Torebka plastikowa

water

Woda

juice

Sok

milk

Mleko

coke

Cola

wine

Wino

beer

Piwo

alcohol

Alkohol

cocoa

Kakao

tea

Herbata

coffee

Kawa

espresso

Espresso

cappuccino

Cappuccino

banana

Banan

apple

Jabłko

orange

Pomarańcza

melon

Arbuz

lemon

Cytryna

carrot

Marchew

garlic

Czosnek

bamboo

Bambus

onion

Cebula

mushroom

Grzyb

nuts

Orzechy

noodles

Makaron

spaghetti

Spaghetti

rice

Ryż

salad

Sałatka

chips

Frytki

fried potatoes

Ziemniaki pieczone

pizza

Pizza

hamburger

Hamburger

sandwich

Kanapka

cutlet

Sznycel

ham

Szynka

salami

Salami

sausage

Kiełbasa

chicken

Kura

roast

Pieczeń

fish

Ryba

porridge oats

Płatki owsiane

muesli

Musli

cornflakes

Płatki kukurydziane

flour

Mąka

croissant

Croissant

bread roll

Bułka

bread

Chleb

toast

Toast

biscuits

Ciastka

butter

Masło

curd

Twarożek

cake

Ciasto

egg

Jajko

fried egg

Jajko sadzone

cheese

Ser

ice cream

Lody

sugar

Cukier

honey

Miód

jam

Marmolada

chocolate spread

Krem nugatowy

curry

Curry

goat

Koza

cow

Krowa

calf

Cielę

pig

Świnia

piglet

Prosię

bull

Byk

goose

Gęś

duck

Kaczka

chick

Kurczątko

hen

Kura

cock

Kogut

rat

Szczur

cat

Kot

mouse

Mysz

ox

Osioł

dog

Pies

doghouse

Buda dla psa

garden hose

Wąż ogrodowy

watering can

Konewka

scythe

Kosa

plough

Pług

sickle

Sierp

hoe

Graca

pitchfork

Widły

axe

Siekiera

wheelbarrow

Taczka

trough

Koryto

milk can

Kanka na mleko

sack

Worek

fence

Płot

stable

Stajnia

greenhouse

Szklarnia

soil

Ziemia

seed

Nasiona

fertilizer

Nawóz

combine harvester

Kombajn zbożowy

harvest

zbierać

harvest

Żniwa

yams

Podchrzyn

wheat

Pszenica

soy

Soja

potato

Ziemniak

corn

Kukurydza

rapeseed

Rzepak

fruit tree

Drzewo owocowe

cassava

Maniok

cereals

Zboże

living room

Pokój dzienny

bathroom

Łazienka

kitchen

Kuchnia

bedroom

Sypialnia

child's room

Pokój dziecięcy

dining room

Jadalnia

floor

Ziemia

wall

Ściana

ceiling

Koc

cellar

Piwnica

sauna

Sauna

balcony

Balkon

terrace

Taras

pool

Basen

lawn mower

Kosiarka do trawy

sheet

Poszwa

bedspread

Kołdra

bed

Łóżko

broom

Miotła

bucket

Wiadro

switch

Włącznik

carpet

Dywan

curtain

Zasłona

table

Stół

chair

Krzesło

rocking chair

Bujak

armchair

Fotel

book

Książka

blanket

Sufit

decoration

Dekoracja

firewood

Drewno kominkowe

film

Film

hi-fi equipment

Instalacja stereo

key

Klucz

newspaper

Gazeta

painting

Malunek

poster

Plakat

radio

Radio

notepad

Notatnik

hoover

Odkurzacz

cactus

Kaktus

candle

Świeczka

fridge
Lodówka

microwave oven
Kuchenka mikrofalowa

kitchen scales
Waga kuchenna

toaster
Toster

detergent
Środek czyszczący

oven
Piekarnik

freezer
Przegródka zamrażalnika

dishwasher
Zmywarka do naczyń

cooker

Kuchenka

pot

Garnek

cast-iron pot

Kocioł żeliwny

wok / kadai

Wok / Kadai

pan

Patelnia

kettle

Czajnik

steamer

Parowar

baking tray

Blacha do pieczenia

crockery

Naczynia kuchenne

mug

Kubek

bowl

Miska

chopsticks

Pałeczki

ladle

Nabierka

spatula

Łopatka do smażenia

whisk

Trzepaczka do śmietany

strainer

Cedzak

sieve

Sitko

grater

Tarka

mortar

Moździerz

barbecue

Grillowanie

open fire

Palenisko

chopping board

Deska

rolling pin

Wałek do ciasta

corkscrew

Korkociąg

can

Puszka

can opener

Otwieracz do puszek

pot holder

Ściereczka do trzymania garnka

sink

Umywalka

brush

Szczotka

sponge

Gąbka

blender

Mikser

deep freezer

Zamrażarka

baby bottle

Butelka dla niemowlęcia

tap

Kran

shower
Prysznic

heating
Ogrzewanie

towel
Ręcznik

shower curtain
Kotara prysznicowa

bubble bath
Płyn do kąpieli

bathtub
Wanna kąpielowa

glass
Szklanka

washing machine
Pralka

tap
Kran

tiles
Kafelki

potty
Nocnik

sink
Umywalka

toilet

Toaleta

squat toilet

Toaleta kuczna

bidet

Bidet

urinal

Pisuar

toilet paper

Papier toaletowy

toilet brush

Szczotka toaletowa

toothbrush

Szczoteczka do zębów

toothpaste

Pasta do zębów

dental floss

Nitki do czyszczenia zębów

wash

myć

handheld shower

Głowica prysznicowa

douche

Płyn kąpielowy do higieny intymnej

basin

Miska do mycia

back brush

Szczotka kąpielowa

soap

Mydło

shower gel

Żel prysznicowy

shampoo

Szampon

flannel

Rękawica kąpielowa

drain

Odpływ

cream

Krem

deodorant

Dezodorant

mirror

Lustro

hand mirror

Lustro kosmetyczne

razor

Golarka

shaving foam

Pianka do golenia

aftershave

Woda po goleniu

comb

Grzebień

brush

Szczotka

hair dryer

Suszarka do włosów

hairspray

Spray do włosów

makeup

Makijaż

lipstick

Pomadka

nail varnish

Lakier do paznokci

cotton wool

Wata

nail scissors

Nożyczki do paznokci

perfume

Perfum

washbag

Kosmetyczka

stool

Taboret

weighing scale

Waga

bathrobe

Szlafrok kąpielowy

rubber gloves

Rękawice gumowe

tampon

Tampon

sanitary towel

Podpaska damska

chemical toilet

Toaleta chemiczna

child's room
Pokój dziecięcy

alarm clock
Budzik

cuddly toy
Pluszowa przytulanka

toy car
Samochodzik

rattle
Grzechotka

doll's house
Domek dla lalek

present
Prezent

balloon

Balon

bed

Łóżko

pram

Wózek dziecięcy

deck of cards

Gra w karty

jigsaw

Puzzle

comic

Komiks

lego bricks
Klocki lego

building blocks
Klocki

action figure
Action figura

babygrow
Śpioszek dziecięcy

frisbee
Frisbee

mobile
Zabawki ruchome

board game
Gra planszowa

dice
Kości

model train set
Kolejka elektryczna

dummy
Smoczek

party
Przyjęcie

picture book
Książka z ilustracjami

ball
Piłka

doll
Lalka

play
bawić się

sandpit

Piaskownica

swing

Huśtawka

toys

Zabawki

video game console

Konsola do gier

tricycle

Rowerek trójkołowy

teddy bear

Pluszowy miś

wardrobe

Szafa ubraniowa

clothing
Ubiór

socks

Skarpety

stockings

Pończochy

tights

Rajstopy

scarf
Szal

umbrella
Parasol

t-shirt
T-Shirt

belt
Pasek

boots
Kozaki

slippers
Pantofle domowe

trainers
Obuwie sportowe

sandals
Sandały

shoes
Buty

rubber boots
Kalosze

underpants
Majtki

bra
Biustonosz

vest
Podkoszulek

body
Body

trousers
Spodnie

jeans
Dżins

skirt
Spódnica

blouse
Bluzka

shirt
Koszula

pullover
Pulower

hoodie
Bluza sportowa

blazer
Marynarka

jacket
Kurtka

coat
Płaszcz

raincoat
Płaszcz przeciwdeszczowy

costume
Kostium

dress
Sukienka

wedding dress
Suknia ślubna

suit

Garnitur męski

nightgown

Koszula nocna

pyjamas

Piżama

sari

Sari

headscarf

Chusta na głowę

turban

Turban

burqa

Burka

kaftan

Kaftan

abaya

Abaya

swimsuit

Strój kąpielowy

trunks

Kąpielówki

shorts

Krótkie spodnie

tracksuit

Dres sportowy

apron

Fartuch

gloves

Rękawiczki

button

Guzik

glasses

Okulary

bracelet

Bransoletka

necklace

Łańcuszek

ring

Pierścionek

earring

Kolczyk

cap

Czapka

coat hanger

Wieszak

hat

Kapelusz

tie

Krawat

zip

Zamek błyskawiczny

helmet

Kask

braces

Szelki

school uniform

Mundurek szkolny

uniform

Mundur

bib
Śliniaczek

dummy
Smoczek

nappy
Pieluszka

server
Serwer

filing cabinet
Szafa na akta

printer
Drukarka

paper
Papier

monitor
Monitor

desk
Biurko

mouse
Mysz

folder
Segregator

keyboard
Klawiatura

waste-paper basket
Kosz na odpadki

chair
Krzesło

computer
Komputer

coffee mug
Filiżanka do kawy

calculator
Kalkulator

internet
Internet

laptop

Laptop

letter

List

message

Wiadomość

mobile

Komórka

network

Sieć

photocopier

Kopiarka

software

Oprogramowanie

telephone

Telefon

plug socket

Gniazdko

fax machine

Faks

form

Formularz

document

Dokument

buy

kupić

pay

płacić

trade

postępować

money

Pieniądze

 USD

dollar

Dolar

EUR

euro

Euro

JPY

yen

Jen

RUB

rouble

Rubel

CHF

Swiss franc

Frank

CNY

renminbi yuan

Juan Renminbi

INR

rupee

Rupia

cashpoint

Bankomat

bureau de change

Kantor wymiany walut

gold

Złoto

silver

Srebro

oil

Olej

energy

Energia

price

Cena

contract

Umowa

tax

Podatek

stock

Akcja

work

pracować

employee

Pracownik umysłowy

employer

Pracodawca

factory

Fabryka

shop

Sklep

police officer
Policjant

fireman
Strażak

cook
Kucharz

doctor
Lekarz

pilot
Pilot

gardener
Ogrodnik

carpenter
Stolarz

seamstress
Krawcowa

judge
Sędzia

chemist
Chemik

actor
Aktor

bus driver

Kierowca autobusu

taxi driver

Taksówkarz

fisherman

Fischer

cleaning lady

Sprzątaczka

roofer

Dekarz

waiter

Kelner

hunter

Myśliwy

painter

Malarz

baker

Piekarz

electrician

Elektryk

builder

Robotnik budowlany

engineer

Inżynier

butcher

Rzeźnik

plumber

Instalator

postman

Listonosz

occupations - Zawody

soldier

Żołnierz

architect

Architekt

cashier

Kasjer

florist

Florysta

hairdresser

Fryzjer

conductor

Konduktor

mechanic

Mechanik

captain

Kapitan

dentist

Dentysta

scientist

Naukowiec

rabbi

Rabin

imam

Imam

monk

Mnich

clergyman

Proboszcz

pliers
Szczypce

hammer
Młotek

screwdriver
Wkrętak

spanner
Klucz do śrub

torch
Latarka

digger

Koparka

toolbox

Skrzynka narzędziowa

ladder

Drabina

saw

Piła

nails

Gwoździe

drill

Wiertło

repair

naprawić

shovel

Łopatka

Damn!

Cholera!

dustpan

Szufelka

paint pot

Puszka z farbą

screws

Śruby

musical instruments

Instrumenty muzyczne

drum kit
Perkusja

loudspeaker
Głośnik

guitar
Gitara

double bass
Kontrabas

trumpet
Trąbka

piano

Pianino

violin

Skrzypce

bass

Bas

timpani

Kotły

drums

Bęben

keyboard

Keyboard

saxophone

Saksofon

flute

Flet

microphone

Mikrofon

tiger
Tygrys

entrance
Wejście

cage
Klatka

zebra
Zebra

animal feed
Pasza

panda
Panda

animals

Zwierzęta

elephant

Słoń

kangaroo

Kangur

rhino

Nosorożec

gorilla

Goryl

bear

Niedźwiedź

camel

Wielbłąd

ostrich

Struś

lion

Lew

monkey

Małpa

flamingo

Fleming

parrot

Papuga

polar bear

Niedźwiedź polarny

penguin

Pingwin

shark

Rekin

peacock

Paw

snake

Wąż

crocodile

Krokodyl

zookeeper

Dozorca w zoo

seal

Foka

jaguar

Jaguar

pony

Kucyk

leopard

Gepard

hippo

Hipopotam

giraffe

Żyrafa

eagle

Orzeł

boar

Dzik

fish

Ryba

turtle

Żółw

walrus

Mors

fox

Lis

gazelle

Gazela

American football
Futbol amerykański

cycling
Kolarstwo

tennis
Tenis

basketball
Koszykówka

swimming
Pływanie

boxing
Boks

ice hockey
Hokej na lodzie

football

Piłka nożna

badminton

Badminton

athletics

Lekka atletyka

handball

Piłka ręczna

skiing

Narciarstwo

polo

Polo

laugh
śmiać się

jump
skakać

hug
objąć

walk
iść

sing
śpiewać

dream
marzyć

pray
modlić się

kiss
całować

write

pisać

draw

rysować

show

pokazywać

push

nacisnąć

give

dać

take

wziąć

have
mieć

do
robić

be
być

stand
stać

run
biegać

pull
ciągnąć

throw
rzucać

fall
spaść

lie
leżeć

wait
czekać

carry
nosić

sit
siedzieć

get dressed
zakładać

sleep
spać

wake up
budzić się

look at

spojrzeć

cry

płakać

stroke

głaskać

comb

czesać się

talk

mówić

understand

rozumieć

ask

pytać

listen

słyszeć

drink

pić

eat

jeść

tidy up

sprzątać

love

kochać

cook

gotować

drive

jechać

fly

latać

sail

żeglować

calculate

liczyć

read

czytać

learn

uczyć się

work

pracować

marry

wejść w związek małżeński

sew

szyć

brush teeth

myć zęby

kill

zabić

smoke

palić tytoń

send

wysłać

grandmother
Babcia

grandfather
Dziadek

father
Ojciec

mother
Matka

baby
Niemowlę

daughter
Córka

son
Syn

guest

Gość

aunt

Ciotka

uncle

Wujek

brother

Brat

sister

Siostra

body

Ciało

forehead
Czoło

eye
Oko

shoulder
Ramię

finger
Palec

face
Twarz

chin
Broda

hand
Ręka

breast
Pierś

leg
Noga

arm
Ramię

baby

Niemowlę

man

Mężczyzna

woman

Kobieta

girl

Dziewczyna

boy

Chłopiec

head

Głowa

back

Plecy

belly

Brzuch

belly button

Pępek

toe

palec nogi

heel

Pięta

bone

Kość

hip

Biodro

knee

Kolano

elbow

Łokieć

nose

Nos

bottom

Pośladki

skin

Skóra

cheek

Policzek

ear

Uszy

lip

Warga

mouth

Usta

tooth

Ząb

tongue

Język

brain

Mózg

heart

Serce

muscle

Mięsień

lung

Płuca

liver

Wątroba

stomach

Żołądek

kidneys

Nerki

sex

Stosunek płciowy

condom

Kondom

ovum

Komórka jajowa

semen

Sperma

pregnancy

Ciąża

menstruation

Menstruacja

vagina

Wagina

penis

Penis

eyebrow

Brew

hair

Włosy

neck

Szyja

hospital
Szpital

ambulance
Karetka pogotowia

wheelchair
Wózek inwalidzki

fracture
Złamanie

doctor

Lekarz

emergency room

Izba przyjęć

nurse

Pielęgniarka

emergency

Nagły przypadek

unconscious

nieprzytomny

pain

Ból

injury

Skaleczenie

bleeding

Krwawienie

heart attack

Zawał serca

stroke

Udar mózgu

allergy

Alergia

cough

Kaszleć

fever

Gorączka

flu

Grypa

diarrhoea

Biegunka

headache

Ból głowy

cancer

Rak

diabetes

Cukrzyca

surgeon

Chirurg

scalpel

Skalpel

operation

Operacja

CT

CT

x-ray

Rentgen

ultrasound

Ultradźwięki

face mask

Maska

disease

Choroba

waiting room

Poczekalnia

crutch

Kula

plaster

Plaster

bandage

Opatrunek

injection

Iniekcja

stethoscope

Stetoskop

stretcher

Nosze

clinical thermometer

Termometr

birth

Poród

overweight

Nadwaga

hearing aid

Aparat słuchowy

disinfectant

Środek dezynfekcyjny

infection

Infekcja

virus

Wirus

HIV / AIDS

HIV / AIDS

medicine

Medycyna

vaccination

Szczepienie

tablets

Tabletki

pill

Pigułka

emergency call

Telefon ratunkowy

blood pressure monitor

Ciśnieniomierz krwi

ill / healthy

chory / zdrowy

Help!
....
Pomocy!

alarm
....
Alarm

assault
....
Napad

attack
....
Atak

danger
....
Niebezpieczeństwo

emergency exit
....
Wyjście awaryjne

Fire!
....
Pożar!

fire extinguisher
....
Gaśnica

accident
....
Wypadek

first-aid kit
....
Walizeczka pierwszej
pomocy

SOS
....
SOS

police
....
Policja

Europe

Europa

North America

Ameryka Północna

South America

Ameryka Południowa

Africa

Afryka

Asia

Azja

Australia

Australia

Atlantic

Atlantyk

Pacific

Pacyfik

Indian Ocean

Ocean Indyjski

Antarctic Ocean

Ocean Antarktyczny

Arctic Ocean

Ocean Arktyczny

North Pole

Biegun północny

South Pole

Biegun południowy

Antarctica

Antarktyda

Earth

Ziemia

land

Kraj

sea

Morze

island

Wyspa

nation

Naród

state

Państwo

clock face

Cyferblat

hour hand

Wskazówka godzinowa

minute hand

Wskazówka minutowa

second hand

Wskazówka sekundowa

What time is it?

Która godzina?

day

Dzień

time

Czas

now

teraz

digital watch

Zegarek digitalny

minute

Minuta

hour

Godzina

Monday
Poniedziałek

Wednesday
Środa

Friday
Piątek

Tuesday
Wtorek

Saturday
Sobota

Thursday
Czwartek

Sunday
Niedziela

yesterday

wczoraj

today

dzisiaj

tomorrow

jutro

morning

Rano

noon

Południe

evening

Wieczór

business days

Dni robocze

weekend

Weekend

rain
Deszcz

spring
Wiosna

summer
Lato

wind
Wiatr

autumn
Jesień

snow
Śnieg

winter
Zima

weather forecast

Prognoza pogody

thermometer

Termometr

sunshine

Światło słoneczne

cloud

Chmura

fog

Mgła

humidity

Wilgotność powietrza

lightning

Błyskawica

thunder

Grzmot

storm

Sztorm

hail

Grad

monsoon

Monsun

flood

Potop

ice

Lód

January

Styczeń

February

Luty

March

Marzec

April

Kwiecień

May

Maj

June

Czerwiec

July

Lipiec

August

Sierpień

September
....
Wrzesień

October
....
Październik

November
....
Listopad

December
....
Grudzień

shapes
Kształty

circle
....
Koło

square
....
Kwadrat

rectangle
....
Prostokąt

triangle
....
Trójkąt

sphere
....
Kula

cube
....
Sześcian

white
....
biały

yellow
....
żółty

orange
....
pomarańczowy

pink
....
różowy

red
....
czerwony

purple
....
liliowy

blue
....
niebieski

green
....
zielony

brown
....
brązowy

grey
....
szary

black
....
czarny

a lot / a little
dużo / mało

angry / calm
wściekły / spokojny

beautiful / ugly
piękny / brzydki

beginning / end
początek / koniec

big / small
duży / mały

bright / dark
jasny / ciemny

brother / sister
brat / siostra

clean / dirty
czysty / brudny

complete / incomplete
kompletny / niekompletny

day / night
dzień / noc

dead / alive
umarły / żywy

wide / narrow
szeroki / wąski

edible / inedible

jadalny / niejadalny

evil / kind

zły / uprzejmy

excited / bored

podniecony / znudzony

fat / thin

gruby / chudy

first / last

najpierw / na końcu

friend / enemy

przyjaciel / wróg

full / empty

pełen / pusty

hard / soft

twardy / miękki

heavy / light

ciężki / lekki

hunger / thirst

głód / pragnienie

ill / healthy

chory / zdrowy

illegal / legal

nielegalny / legalny

intelligent / stupid

inteligentny / głupi

left / right

lewo / prawo

near / far

bliski / daleki

opposites - Przeciwieństwa

new / used

nowy / używany

nothing / something

nic / coś

old / young

stary / młody

on / off

włącz / wyłącz

open / closed

otwarty / zamknięty

quiet / loud

cichy / głośny

rich / poor

bogaty / biedny

right / wrong

prawidłowy / błędny

rough / smooth

chropowaty / gładki

sad / happy

smutny / szczęśliwy

short / long

krótki / długi

slow / fast

powolny / szybki

wet / dry

mokry/suchy

warm / cool

ciepły / chłodny

war / peace

wojna / pokój

0

zero

zero

1

one

jeden

2

two

dwa

3

three

trzy

4

four

cztery

5

five

pięć

6

six

sześć

7

seven

siedem

8

eight

osiem

9

nine

dziewięć

10

ten

dziesięć

11

eleven

jedenaście

12

twelve

dwanaście

13

thirteen

trzynaście

14

fourteen

czternaście

15

fifteen

piętnaście

16

sixteen

szesnaście

17

seventeen

siedemnaście

18

eighteen

osiemnaście

19

nineteen

dziewiętnaście

20

twenty

dwadzieścia

100

hundred

sto

1.000

thousand

tysiąc

1.000.000

million

milion

languages
Języki

English
....
Angielski

American English
....
Angielski amerykański

Chinese Mandarin
....
Chiński mandaryński

Hindi
....
Hindi

Spanish
....
Hiszpański

French
....
Francuski

Arabic
....
Arabski

Russian
....
Rosyjski

Portuguese
....
Portugalski

Bengali
....
Bengalski

German
....
Niemiecki

Japanese
....
Japoński

I

ja

you

ty

he / she / it

on / ona / ono

we

my

you

wy

they

oni

who?

kto?

what?

co?

how?

jak?

where?

gdzie?

when?

kiedy?

name

Nazwisko

behind

za

in

w

in front of

przed

over

powyżej

on

na

under

pod

beside

obok

between

między

place

Miejsce